BEI GRIN MACHT SICH IHR WISSEN BEZAHLT

- Wir veröffentlichen Ihre Hausarbeit,
  Bachelor- und Masterarbeit

- Ihr eigenes eBook und Buch -
  weltweit in allen wichtigen Shops

- Verdienen Sie an jedem Verkauf

**Jetzt bei www.GRIN.com hochladen
und kostenlos publizieren**

Bibliografische Information der Deutschen Nationalbibliothek:

Die Deutsche Bibliothek verzeichnet diese Publikation in der Deutschen National-bibliografie; detaillierte bibliografische Daten sind im Internet über http://dnb.d-nb.de/ abrufbar.

Impressum:

Copyright © 2016 GRIN Verlag
Druck und Bindung: Books on Demand GmbH, Norderstedt Germany
ISBN: 9783668778818

Dieses Buch bei GRIN:

https://www.grin.com/document/437770

Lena Röttger

An anderer Stelle in diesem Theater. Über die Authentizität in Lars von Triers Film "IDIOTEN"

GRIN Verlag

GRIN - Your knowledge has value

Der GRIN Verlag publiziert seit 1998 wissenschaftliche Arbeiten von Studenten, Hochschullehrern und anderen Akademikern als eBook und gedrucktes Buch. Die Verlagswebsite www.grin.com ist die ideale Plattform zur Veröffentlichung von Hausarbeiten, Abschlussarbeiten, wissenschaftlichen Aufsätzen, Dissertationen und Fachbüchern.

Besuchen Sie uns im Internet:

http://www.grin.com/

http://www.facebook.com/grincom

http://www.twitter.com/grin_com

Inhaltsverzeichnis

1.) Einleitung

Wir alle spielen Theater: Die Selbstdarstellung im Alltag lautet der Titel der Studie Erving Goffmans aus dem Jahr 2003, seit dem es aus sozialwissenschaftlicher Sicht endgültig als gegeben angesehen ist, „dass auf der Bühne des Lebens keine unvermittelte Darstellung eines essentiell angelegten Kernselbst möglich ist"[1]. Notwendigerweise immer schon inszeniert, ist jede Darstellung des Selbst somit an Situation, InteraktionsteilnehmerInnen und Kontext gebunden.[2] Der unter anderem für „Unverfälschtheit"[3] und „Wahrheit"[4] stehende Authentizitätsbegriff kann somit lediglich als „Resultat spezieller Darbietungsformen des individuellen und künstlerischen Selbstverständnisses"[5] aufgefasst werden, oder in den Worten Erika Fischer-Lichtes: „Inszenierung wäre in diesem Sinne die unhintergehbare Voraussetzung der Wahrnehmung, Authentizität ihr Effekt."[6] Lars von Trier, deren erklärtes Ziel darin besteht, „der Stein im Schuh"[7] zu sein, beschrieb seinen 1998 veröffentlichten Film *Idioten* in einem Interview mit Stig Björkmann „als wichtigstes Werk in seiner Suche nach Authentizität"[8] sowie als „ganzheitliche Erfahrung"[9].

Indem er fiktive mit authentischen Elementen mischt und bestimmte Aspekte bewusst dokumentarisch erscheinen lässt, erinnert er nicht nur an viele Aktionen Christoph Schlingensiefs; je nach Hintergrundwissen, erschwert diese Raum für Spekulationen schaffende Vorgehensweise die eindeutige Rezeption des Films ungemein. Unter Berücksichtigung des *Dogma 95* widmet sich die vorliegende Ausarbeitung daher der Untersuchung der im Film verwendeten Authentizitäts-Strategien.

---

1   Funk, Wolfgang / Krämer, Lucia (Hg.): *Vorwort: Fiktionen von Wirklichkeit –*
     Authentizität zwischen Materialität und Konstruktion. Bielefeld 2011. S. 10
2   Ebd.
3   Knaller, Susanne: *Genealogie des ästhetischen Authentizitätsbegriffs.* In: Müller, Harro /
     Knaller, Susanne (Hrsg.): *Authentizität. Diskussion eines ästhetischen Begriffs.*
     Paderborn 2006. S. 23
4   Ebd.
5   Funk, Wolfgang / Krämer, Lucia (Hg.): *Vorwort: Fiktionen von Wirklichkeit.* S. 10
6   Fischer-Lichte, Erika: *Inszenierung von Authentizität.* Bd. 1, Tübingen 2007. S. 32
7   Rukov, Mogens: *Lars von Trier. In: Dogma 95. Zwischen Kontrolle und Chaos.*
     Berlin 2001. S. 156
8   Vgl. Brunow, Dagmar: *Trier über von Trier – Gespräche mit Stig Björkman.* S. 224
9   Vgl. Ebd.

3

Angefangen beim Drehbuchautor und Regisseur des Films, „Lars von Trier", soll insbesondere das Kapitel „Das Manifest Dogma 95" sowie die dazugehörigen Unterpunkte „Regeln und Freiheiten" und „Filmgeschichtliche Bezüge" ein erstes Hintergrundwissen hinsichtlich der Arbeitsweise von Triers vermitteln. An die hierauf folgende Vorstellung des Films im Kapitel „Der Film Idioten" anknüpfend, bildet der Punkt der „Authentizitäts-Strategien im Film Idioten" den Hauptteil dieser Hausarbeit. Nach eingehender Behandlung der „Dramaturgie", „ Arbeitsweise" und „Figuren" endet »An anderer Stelle in diesem Theater« in einer kurzen Zusammenfassung mit abschließendem Fazit.

2.) Lars von Trier

Am 30. April 1956 in Kopenhagen geboren, zählt der Regisseur und Drehbuchautor Lars von Trier als Absolvent der dänischen Filmhochschule heute zu den markantesten europäischen Filmemachern der Gegenwart.[10] Während seine Filme einerseits als „höchst originell"[11] sowie „suggestiv"[12] beschrieben werden, führt der nahezu beständige Aufgriff seiner persönlichen psychischen Leiden, wie zum Beispiel Depressionen und diverse Phobien, welche er selbst auf seine Kindheit zurückführt, andererseits zu heftigen Kontroversen bezüglich seiner Arbeit.[13]

Indem von Trier beispielsweise seine Angst, in dem Tagebuch, das er während der Dreharbeiten zu Idioten verfasste, als große Antriebskraft beschreibt und das Entstehen der (im folgenden Kapitel thematisierten) Dogma-Regeln mit dem Wunsch begründet, sich einer Autorität sowie Regeln, zu unterwerfen, die er in seiner humanistischen, kulturradikalen bzw. linksliberalen Erziehung nie hatte, lässt der Film Idioten und auch die Arbeitsweise von Triers deutliche autobiografische Bezüge erkennen.[14,15]

---

10   Vgl. http://www.uni-protokolle.de/Lexikon/Lars_von_Trier.html
      (Letzter Zugriff am 06.04.2016)
11   Vgl. Brunow, Dagmar: Trier über von Trier – Gespräche mit Stig Björkman
      Hamburg 2001. S. 7
12   Vgl. Ebd.
13   Vgl. Ebd. S.13-14
14   Vgl. Braad Thomsen, Christian: „Idioten". In: Dogma 95. S. 169
15   Binotto, Thomas: Anfang der Diskussion. Unbändige Lust auf Dogmen.
      In: Leo Karrer, Charles Martig, Eleonore Näf (Hg.): Gewaltige Opfer. Filmgespräche
      mit René Girard und Lars von Trier. Köln 2000. S.130

Ebenso die Auswahl des Drehortes des Films *Idioten* unterstreicht diese um ein Weiteres: Von Trier wuchs selbst in der nördlich von Kopenhagen gelegenen Gemeinde Søllerø auf, in der seine Mutter, als hohe Beamtin im Staatsministerium, für die Aufklärung von Standorten für Behinderten-Einrichtungen verantwortlich war. Søllerø war zu der damaligen Zeit eine Gemeinde, die sich von der Pflicht, hierfür Raum zur Verfügung zu stellen, freikaufte.[16]

Seit er im Jahr 1984 mit *The Element of Crime* seinen Durchbruch schaffte, gilt Lars von Trier „als Dänemarks begabtester Regisseur, als der Mann, der die Gabe besitzt, den Ruf Dänemarks als internationale Filmemacher-Nation in das nächste Jahrhundert zu tragen"[17]. Derweil von Trier zwar für sein Drehbuch hinsichtlich des Europäischen Filmpreises 1998 nominiert war, blieb seine Arbeit am Film Idioten – abgesehen vom Erhalt des von der internationalen Filmkritiker- und Filmjournalisten-Vereinigung verliehenen FIPRESCI-Preises – unprämiert.[18]

3.) *Dogma 95*

Der Film *Idioten* ist ein „Produkt" von Dogma 95, einem Filmregisseur-Kollektiv, gegründet 1995 in Kopenhagen, als „Rettungsaktion, um bestimmten Tendenzen im modernen Kino entgegenzuwirken." Mit der Unterzeichnung des gleichnamigen Manifests durch Lars von Trier, Thomas Vinterberg, Kristian Levring und Søren Kragh-Jacobsen ging es durch die bewusste Vermeidung von Effekten, technischer Raffinesse sowie der Verbannung von Illusion und dramaturgischer Vorhersehbarkeit gegen die zunehmende Wirklichkeitsentfremdung des Kinos, bzw. des Autoren-Konzepts der *Nouvelle Vague*, anzugehen.[19]

Das Manifest *Dogma 95* wurde anlässlich der 100-Jahr-Feier des Kinofilms im Odéon-Théâtre de l'Europe am 20. März 1995 in Paris von Lars von Trier und Thomas Vinterberg vorgetragen. Hierin hieß es, dass die sich dem puristischen Dogma verschriebenen Filmemacher zukünftig auf Sets und aufwändige Technik, Requisiten und Kostüme verzichten und sich auf vorhandenes Licht und dem Drehen mit Handkameras ohne Stativ in Farbe, ohne Verlaufsfilter und andere

---

16   Vgl. Eisl, Sonja: *Sehe ich einen Film oder bin ich schon im Theater? Das Genre »Theaterfilm«*. In: Kotte, Andreas (Hg.): *Theater im Kasten*. Zürich 2007. S. 72-73
17   Vgl. *Presseheft Idioten*. Arthaus Filmverleih. München 1998. S. 17
18   Vgl. Ebd. S. 6
19   Vgl. Brunow, Dagmar: *Trier über von Trier*. S.161-162

Manipulationsmittel beschränken würden. Ebenso sei Hintergrundmusik nicht erlaubt: Der Ton dürfe nur zusammen mit dem Bild entstehen. Die Handlung spiele ausschließlich im Hier und Jetzt – und entspreche damit der von Aristoteles für das Theater geforderten Einheit von Ort und Zeit.[20]

Die ersten nach dem *Dogma 95* entstandenen Filme präsentierten Thomas Vinterberg und Lars von Trier 1998 auf den Filmfestspielen in Cannes. Mit der Seriennummer *Dogma#1* wurde *Das Fest* von Thomas Vinterberg bezeichnet, *Dogma#2* markiert *Idioten* von Lars von Trier. Während *Das Fest* in Cannes mit dem Spezialpreis der Jury ausgezeichnet und für den Europäischen Filmpreis *Felix* nominiert wurde, ging *Idioten* leer aus.[21]

Derweil die zu Beginn genannten, maßgeblich beteiligten Regisseure im Jahr 2005 entschieden, dass jedem Produzenten die Umsetzung der *Dogma 95*-Kriterien frei stände und das Manifest somit teilweise fallen ließen, wurde die Bewegung im Jahr 2008 mit dem *Europäischen Filmpreis* in der Kategorie *Beste europäische Leistung im Weltkino* ausgezeichnet.[22]

3.1) Regeln und Freiheiten

Während Thomas Vinterberg bereits vor der Premiere seines Films *Das Fest* im Jahr 1998 ein Schuldbekenntnis über alle Verfehlungen gegen das Dogma ablegte, die er in *Das Fest* begann, gab auch von Trier zu, dass es sich mit *Dogma 95* wie mit den zehn Geboten verhalte, welche ebenfalls kaum zu befolgen seien. Ganz offensichtlich geht es bei *Dogma 95* somit nicht darum, Regeln aufzustellen und sich fortan nahezu sklavisch daran zu halten. Gegenteilig betonen sowohl von Trier als Vinterberg die befreiende Wirkung der Dogmen auf sie: erst diese Rahmung ermöglichte ihnen, völlig neue Wege zu gehen.[23]

---

20   http://www.dieterwunderlich.de/Lars-von-Trier.htm (Letzter Zugriff am 07.04.2016)
21   Vgl. Binotto, Thomas: *Anfang der Diskussion. Unbändige Lust auf Dogmen.* In: Karrer, Leo / Martig, Charles / Näf, Eleonore (Hg.): *Gewaltige Opfer. Filmgespräche mit René Girard und Lars von Trier.* Köln 2001. S. 128
22   http://www.fr-online.de/kultur/lebenswerk-europaeischer-filmpreis-fuer-judi-dench,1472786,3304216.html (Letzter Zugriff am 17.04.2016)
23   Vgl. Binotto, Thomas: *Anfang der Diskussion. Unbändige Lust auf Dogmen.* S. 132

„Die Regeln wirken strukturierend, selbst wenn man sie nicht befolgt"[24], sagt von Trier. Indem das Dogma hier auch inhaltlich wirksam wird, geht *Idioten* in dieser Beziehung noch weiter als *Das Fest*. Die Gruppe der „Idioten" setzt sich selbst enge Grenzen, um ungeahnte Freiheiten zu entdecken.[25] Die im Manifest aufgestellten Regeln bringen eine größtenteils auf Improvisation basierende Arbeitsweise mit sich, welche wiederum, von Trier zu folge, wichtige Aspekte zu der im Rahmen dieser Ausarbeitung thematisierten Authentizität birgt:

„Das Mikrophon in einen Baum zu hängen oder zwei Zahnstocher statt eines gigantischen technischen Apparats zu verwenden – das führt zu einer Art filmischen Wahrheit. Zumindest wird es richtiger. Wahrheit heißt, ein Gebiet zu durchsuchen, um etwas zu finden. Wenn man jedoch schon von vornherein weiß, wonach man sucht, ist es Manipulation. Vielleicht bedeutet Wahrheit etwas zu finden, wonach man nicht sucht ..."[26]

3.2) Filmgeschichtliche Bezüge

In mehrfacher Hinsicht seinen Vorgängern verpflichtet, thematisiert *Dogma 95,* dem Filmwissenschaftler und einstigen Professor von Triers, Peter Schepelern zu folge die generelle Gegenreaktion auf das Establishment, die Initiative gegen den „bürgerlichen" Unterhaltungsfilm, den oberflächlichen Actionfilm und die Suche nach der Wirklichkeit, nach illusionsloser Wahrheit sowie dem Unverstellten und Echten.[27] Bestätigt wird dieses in der Aussage von Triers, sich im Zuge des Manifests *Dogma 95* „mit dem ganzen Herzen"[28] jener Epoche Anfang der 1960er Jahre angeschlossen zu haben, welche sich „Freiheit und Befreiung auf die Fahnen schrieb"[29].

In Anbetracht dessen und im folgenden kurz erläutert, knüpft Dogma 95 bzw. *Idioten* mit seinem freien Filmstil insbesondere an den Italienischen Neorealismus, die Nouvelle Vague sowie das Direct Cinema an.

---

24 Vgl. Ebd. S. 133
25 Vgl. Ebd. S. 133
26 Knudsen, Peter Øvig: *„Die Kontrolle aufgeben". Lars von Trier im Gespräch.* In: *Dogma 95. Zwischen Kontrolle und Chaos.* Berlin 2001. S.165
27 Vgl. Schepelern, Peter: *Film und Dogma. Spielregeln, Hindernisse und Befreiungen.* In: *Dogma 95. Zwischen Kontrolle und Chaos.* Berlin 2001. S.355
28 Brunow, Dagmar: *Trier über von Trier.* S. 222
29 Ebd.

Weder über ein Manifest noch ein Programm verfügend sowie nur wenige Jahre (1942-1949) herrschend, bildete so zunächst der Italienische Neorealismus, auch im Hinblick auf die Nouvelle Vague (1958-1962) und das Direct Cinema (Beginn Ende 1950er), eine der einflussreichsten Filmströmungen. Als Reaktion auf die Ausnutzung des propagandistischen Potentials der italienischen Filmindustrie unter Mussolini, zeigt der Italienische Neorealismus ein jene vom faschistischen Kino präsentierte Welt des schönen Scheins und verfügt, gleichermaßen wie Idioten, über eine starke gesellschaftskritische Komponente.[30, 31]

Ähnlich verhält es sich zu der Nouvelle Vague, deren Vorliebe der Darstellung von Menschen galt, die sich mit einem freien, improvisierten Lebensstil über bürgerliche Konventionen hinwegsetzten (Godard: Ausser Atem, die Aussenseiterbande (1964)).[32]

Wenn auch auf den ersten Blick irritierend erscheinend, ausgerechnet eine Dokumentarfilmrichtung wie das amerikanische Direct Cinema (Uncontrolled Cinema) als Bezugspunkt für ein Manifest bzw. einen Spielfilm heranzuziehen, zeigt auch dieses auffällig deutliche Parallelen zum Dogma 95 bzw. dem Film *Idioten*.[33]

Dem Dogma-Manifest vergleichbar, ist das ästhetisch-theoretische Programm der Filmemacher des Direct Cinema an selbstgewählte Beschränkungen geknüpft. So besteht die Intention des Direct Cinema darin, „die sich vor der Kamera (…) entfaltende Wirklichkeit möglichst objektiv wiederzugeben"[34] wodurch das „profilmische Geschehen in seinem realen unkontrollierbaren Verlauf"[35] erfasst werden soll.[36]

Sei es im Hinblick auf den hohen Authentizitätsanspruch oder die Gemeinsamkeiten der Produktionsstrategien (Drehen an Originalschauplätzen, Verwendung von Handkamera und Originalton, Verzicht auf extradiegetische Musik, die Unterordnung der Kamera unter die Handlung, …) verdeutlichen sich hier nicht nur in der Praxis

---

30 Vgl. Sudmann, Andreas: *Dogma 95. Die Abkehr vom Zwang des Möglichen.* Hannover 2001. S. 17
31 Vgl. Armes, Roy: *Patterns of Realism.* London 1971. S. 31-32
32 Vgl. Schepelern, Peter: *Film und Dogma. Spielregeln, Hindernisse und Befreiungen.* In: *Dogma 95. Zwischen Kontrolle und Chaos.* Berlin 2001. S. 359
33 Vgl. Sudmann, Andreas: *Dogma 95. Die Abkehr vom Zwang des Möglichen.* S. 29
34 Beyerle, Monika / Brinckmann, Christine N. (Hrsg.): *Der amerikanische Dokumentarfilm der 60er. Direct Cinema und Radical Cinema.* Frankfurt am Main, New York (Campus: Forschung. Bd. 659: Schriftenreihe des Zentrums für Nordamerika-Forschung (ZENAF).Universität Frankfurt. Bd. 15) 1991. S.32
35 Ebd.
36 Vgl. Sudmann, Andreas: *Dogma 95. Die Abkehr vom Zwang des Möglichen.* S. 30

des Filmemachers in der Rolle Beobachters, der jeglichen unmittelbaren Eingriff in die Aufnahmesituation zu unterlassen hat, die Parallelen zwischen Direct Cinema und dem Dogma-Ansatz.[37]

4.) Der Film *Idioten*

Nach der Veröffentlichung des Manifests *Dogma 95* im Frühjahr 1995, feierten die ersten beiden hieraus hervorgegangenen Filme erst drei Jahre nach Verfassung des Manifests, im Jahr 1998 im Rahmen der Filmfestspiele in Cannes ihre Premiere. Sowohl *Das Fest* von Thomas Vinterberg als auch Lars von Triers *Idioten* erregten bereits im Vorfeld große Aufmerksamkeit, welche der Aussergewöhnlichkeit der Filme zum Trotz, größtenteils auf das Manifest zurückzuführen sein dürfte.[38]

Auch wenn *Idioten* überwiegend schlechte Kritiken bekam, wurde Lars von Trier hinsichtlich seines Drehbuchs für den Europäischen Filmpreis 1998 nominiert.[39]

Inhaltlich geht es um eine Gruppe junger Leute, die zwecks eines „antibürgerlichen Experiments"[40],welches die Aussteiger letztlich selbst an ihre Grenzen bringt, in einer Kommune zusammenleben. Mit dem Ziel, den Restriktionen der Gesellschaft zu entfliehen bzw. die Reaktionen ihrer Umgebung zu testen und deren Toleranz auf die Probe zu stellen, imitieren sie geistig Behinderte.[41]

Laut film-zeit.de schockiert der Film vor allem wegen einer sehr freizügig gezeigten Gruppensex-Szene.[42] Indem Idioten hierbei „den Rückzug aus einer bürgerlichen, ökonomisch strukturierten Welt von Familie und Karriere in ein archaisches, narzißtisches (sic), kindhaftes Dasein"[43] thematisiert, bedient der Film die von Seeßlen aufgestellte Programmatik der Dogma-Filme, die Fassaden der bürgerlichen Gesellschaft herunterzureißen bzw. die „düsteren Seiten" moderner Zivilisation in das Licht in das Licht der Aufmerksamkeit zu rücken, vollends.[44]

---

37   Vgl. Sudmann, Andreas: *Dogma 95. Die Abkehr vom Zwang des Möglichen.* S. 30
38   Vgl. Binotto, Thomas: *Anfang der Diskussion. Unbändige Lust auf Dogmen.* S. 128
39   Vgl. *Presseheft Idioten.* Arthaus Filmverleih. München 1998. S. 6
40   Sudmann, Andreas: *Dogma 95. Die Abkehr vom Zwang des Möglichen.* S. 135
41   Vgl. *Presseheft Idioten.* Arthaus Filmverleih. München 1998. S. 6
42   Vgl. http://www.film-zeit.de/Person/2954/Lars-von-Trier/Biographie/http://www.film-zeit.de/Person/2954/Lars-von-Trier/Biographie/ (Letzter Zugriff am 09.04.2016)
43   Vgl. Seeßlen, Georg: *Aufbruch in die Sackgasse. Die dänischen Dogma-Filme. Radikaldilettantismus oder Utopieverräter? Eine Zwischenbilanz.* In: *Die Zeit.* Nr. 28 v. 8.7.1999. S.43
44   Ebd.

Laut von Trier lässt sich die Idee des Films auf Rudolf Steiners Aussage „die Mongoloiden hat der Himmel geschickt" zurückführen. In Zusammenhang mit dem im Film thematisierten Aspekt des Finden des inneren Idioten, sympathisierte von Trier hierbei nicht weniger mit dem Gedanken, die von der Norm abweichenden als Geschenk zu sehen, als im Spiel des „Idioten" zu sich selbst zu finden.[45]

5.) Authentizitäts-Strategien im Film *Idioten*

Auch wenn Idioten, wie die meisten Spielfilme, auf einer Drehbuchvorlage basiert und von Trier explizit darauf hinwies, dass die Dialoge des Films mit dem Text des Drehbuchs nahezu identisch seien, halten sowohl Kritikern als auch Zuschauer am fiktiven Charakter des Films fest.[46] Idioten mischt fiktive mit authentischen Elementen und lässt bestimmte Aspekte bewusst dokumentarisch wirken. Diese, eine eindeutige Rezeption erschwerende, Strategie wird in diesem Kapitel anhand der Punkte „Dramaturgie", „Arbeitsweise" und „Figuren" erläutert.

5.1) Dramaturgie

Neben der bewusst unprofessionell wirkenden Kamera- und Beleuchtungstechnik erhält *Idioten* den Charakter eines privaten Videofilms vor allem durch seine, in diesem Kapitel thematisierte, Dramaturgie.

Während der konventionelle Spielfilm nach dem aristotelischem Prinzip aufgebaut ist, funktioniert Idioten als eine lose Aneinanderreihung von Episoden innerhalb einer Rahmenhandlung. Mit Ausnahme der Anfangssequenz im Restaurant/Taxi und der Schlusssequenz bei Karens Familie, welche einen dramaturgischen Bogen erkennen lassen, wirken die einzelnen Szenen eher beliebig und zufällig als sich zwingend im Aufbau der Geschichte ergänzend.[47]

Episodenhaft ist die Abfolge der „Idiotenspiele" im Film insofern, als die einzelnen „Spiele" oder „Experimente" kleine abgeschlossene Handlungselemente, gewissermaßen „relativ autonome Entitäten [darstellen], die wie Perlen einer Kette aneinandergereiht [sind], so daß (sic) sie bis zu einem gewissen Grad ein

---

45   Vgl. Brunow, Dagmar: *Trier über von Trier.* S. 209
46   Eisl, Sonja: *Sehe ich einen Film oder bin ich schon im Theater?* S. 72
47   Eisl, Sonja: *Sehe ich einen Film oder bin ich schon im Theater?* S. 72

zusammenhängendes Ganzes bilden"[48]. Einzelne Episoden könnten gar entfernt werden, ohne dass die Kohäsion der Erzählung verloren ginge. Ein echter Spannungsaufbau ist nicht gegeben.

Einen weiteren Beitrag zur Rezeption des Films als „authentisch" leisten zwischen die Spielszenen eingebaute Interviewsequenzen, in denen die Figuren über das Projekt sprechen. Hierdurch erweckt der Film den Anschein, dass es sich um einen Dokumentarfilm oder gar ein Sozialexperiment handelt, in dessen Nachhinein die Befragten an dieser Stelle ihre gemachten Erfahrungen schildern. Dass es sich um die Figuren und nicht die Darstellenden handelt, lassen die verwendeten fiktiven, in den anderen Filmsequenzen gebräuchlichen Namen, erkennen.[49]

Zudem sind beim Interview mit Axel teilweise seine Frau und sein Kind sicht- und hörbar. Da Axels Familiensituation jedoch erst viel später im Film geklärt wird, könnte es sich auch um die private Familie des Schauspielers handeln. Um ein weiteres wird die fiktive Ebene zusätzlich durch die, eindeutig als die von Triers identifizierbare, Stimme des Interviewers „erschüttert".[50]

Sonst der Klärung und Erhellung filmischer Inhalte dienend, erzeugen die Interviewsequenzen an dieser Stelle Verwirrung und Irritation. Gleichermaßen wie die im Bild auftauchenden Mikrophongalgen und Fotografen gab von Trier in Vorgesprächen der Produktionsphase zu, die Funktion des Interviews ad absurdum zu führen, als wichtiges, die Glaubwürdigkeit des Films erhöhendes, Element zu sehen.[51, 52]

---

48   Kracauer, Siegfried: *Theorie des Film. Die Errettung der äußeren Wirklichkeit.* Frankfurt am Main 1964. S.333
49   Vgl. Eisl, Sonja: *Sehe ich einen Film oder bin ich schon im Theater?* S. 73
50   Vgl. Eisl, Sonja: *Sehe ich einen Film oder bin ich schon im Theater?* S. 73
51   Vgl. Thomsen, Christian Braad: „*Idioten".* In: *Dogma 95. Zwischen Kontrolle und Chaos.* Berlin 2001. S.171
52   Vgl. Sudmann, Andreas: *Dogma 95. Die Abkehr vom Zwang des Möglichen.* S. 134

Insbesondere die somit bereits anhand der Dramaturgie deutlich gewordene, scheinbare Nähe zum Dokumentarfilm spiegelt die gekonnte Verschleierungs- und Verfremdungstaktik von Triers wieder:

„Authentizität wiederum ist zwar das Hauptanliegen des Dokumentarfilms, jedoch kein Merkmal, sondern eher eine Zuschreibungsleistung des Zuschauers. Voraussetzung dafür ist ein Vertrauen darauf, dass die Ereignisse nicht erfunden sind, dass die darstellungsmittel adäquat gewählt wurden und dass der Autor/Erzähler glaubwürdig ist"[53], schreibt der Filmwissenschaftler Jens Kiefer.

Hieran, als eine Art „erweiterte Dramaturgie" anknüpfend, können die Aktionen rund um die Lancierung des Films *Idioten* betrachtet werden. Diese verselbstständigten sich teilweise bereits vor den Dreharbeiten und trugen sowohl in der dänischen als auch in der internationalen Presse zur Legendenbildung bei:

Den Beginn bildete zweifelsohne das Manifest, welches durch Aussagen von Triers, nach denen der Film tatsächlich aus Improvisationen hervorgehen sollte, ergänzt wurde. Hinzu kam ein während der Dreharbeiten von von Trier geführtes Arbeits-Tagebuch. Den Arbeitsprozess auf schonungslose und selbstkritische Art mit allen professionellen und privaten Problemen und Vorfällen offen legend, wurde dieses zeitgleich mit der Filmpremiere in Cannes auf Französisch veröffentlicht. Es enthält beispielsweise die bereits in Kapitel 2 aufgeführten autobiografischen Bezüge zwischen von Trier und dem Ort Søllerø.[54]

5.2) Arbeitsweise

Trotz des Wissens um die Bedingungen von *Dogma 95* und den Informationen aus von Triers Tagebuch, können die fiktiven und die authentischen Aspekte im Film *Idioten* nicht eindeutig voneinander getrennt werden. Im Folgenden stellt sich somit die Frage nach der Arbeitsweise von Triers und was die Darstellenden in diesem Rahmen, der Glaubwürdigkeit zum Ziel, alles erleiden und entblössen mussten.

Der hohen Deckungsgleichheit von Drehbuchvorlage und fertigem Film zum trotz, gab von Trier an, hinsichtlich einer Spielfilmproduktion im Rahmen der Dreharbeiten zu *Idioten* mit den DarstellerInnen und Schauplätzen ungewöhnlich viel ausprobiert

---

53   Kiefer, Jens: *Inszenieren mit Authentizitätsanspruch.* In: Kultur & Gespenster. Wirklich Wahr II. Ausgabe 4, Hamburg 2007. S. 130
54   Vgl. Binotto, Thomas: *Anfang der Diskussion. Unbändige Lust auf Dogmen.* S. 128

und improvisiert zu haben. Dieses begünstigte besonders der noch heute für von Trier typische Gebrauch digitaler Videokameras. Zum einen handlich und flexibel sowie zum anderen lange Takes von bis zu einer Stunde ermöglichend, verfolgte von Trier hiermit das Ziel des Druckabbaus hinsichtlich der Filmsituation sowie der Möglichkeit des Freispielens zugunsten seiner SchauspielerInnen. Proben vor den eigentlichen Drehs gab es keine, stattdessen wurde die Kamera stetig laufen gelassen und geriet somit im Idealfall in Vergessenheit. Letztendlich führte diese Drehart zu mehr als 130 Stunden Filmmaterial, aus dem es schließlich die authentischsten Szenen auszuwählen galt: laut Trier oftmals diejenigen, die zugleich eindrücklich vorführen „wie die Schauspieler (und ihre Figuren) kämpfen und scheitern"[55].[56]

An offensichtlich privaten Lachern oder auch verunsicherten Blicken erkennbar, offenbaren sich solche Momente vor allem in Situationen, die mit Überraschungs-effekten verbunden sind. „Am Schluß (sic) wirkte das idiotische Getue ganz natürlich (...)"[57] beschrieb von Trier in einem Interview den aus seinen Massnahmen hervorgegangenen, am Set herrschenden Umstand. Für andere, in nur wenigen Szenen auf die „Idioten" treffenden DarstellerInnen, stellte dieser jedoch eine befremdende Erfahrung dar.[58]

So etwa Paprika Steen, die im Film als eine Kaufinteressentin für das von den „Idioten" bewohnte Haus auftritt (Siehe Min. 36). Die Karriereaussichten ihrer Kollegen nach einer solchen Rolle hinterfragend, gab sie an, während des Drehs der Begegnung mit den Behinderten bzw. ihren Kollegen, die behinderte spielen, echt und nicht bloss als Figur peinlich berührt gewesen zu sein.[59]

Eine weitere eindrückliche, und ebenfalls im nachfolgenden Kapitel „Figuren" thematisierte, Szene bildet der Besuch der vier Menschen mit Down-Syndrom (Siehe Min. 39). Im Film auf Susannes Idee zurückzuführen und somit einen Teil des Drehbuchs darstellend, wirkt diese Sequenz dennoch seltsam unkontrolliert und eigendynamisch. Derweil sich die „echten" Behinderten wie Gäste verhalten, lässt sich diese Gegebenheit eher den, ihre Rolle vergessen zu habenden, „Idioten" zuschreiben. Indem sie sich den Behinderten mit ihren privaten Namen vorstellen,

---

55   Eisl, Sonja: *Sehe ich einen Film oder bin ich schon im Theater?* S. 73-74
56   Vgl. Ebd.
57   *Presseheft Idioten.* Arthaus Filmverleih. München 1998. S. 11
58   Eisl, Sonja: *Sehe ich einen Film oder bin ich schon im Theater?* S. 74
59   Eisl, Sonja: *Sehe ich einen Film oder bin ich schon im Theater?* S. 74

wirken sie gleichermaßen verlegen wie irritiert. Entsprechend erklärten die DarstellerInnen, sich die Situation im Nachhinein als höchst unangenehme Erfahrung. Für sie fühlte es sich an, als würden sie die Behinderten verhöhnen. Dieses machte es für sie unmöglich, zu spielen.[60]

Gleichermaßen wie die Praxis, seinen Darstellenden immer wieder den Boden unter den Füssen wegzuziehen, zählen für eine Filmproduktion eher unkonventionelle vertrauensbildende Massnahmen zum Konzept der von Trierschen Authentizität. Neben dem Gefühl der Sicherheit sollen diese die Darstellenden dazu animieren „alles" von sich preiszugeben. Konform der dogma-typischen Darstellung der Sexualität, als Instrument der Demaskierung, wurde so beispielsweise die gesamte Filmcrew dazu veranlasst, während des Drehs der Nacktaufnahmen und der Sexszene ihre Kleidung ebenfalls abzulegen.[61, 62]

Hinsichtlich der hierbei oftmals mit der Authentizität einhergehenden Ursprünglichkeit, äußerte sich von Trier gegenüber Stig Björkmann folgendermaßen:

„Denn unabhängig davon, welcher Version der Schöpfungsgeschichte man glaubt, müssen wir davon ausgehen, daß (sic) der Mensch seine historische Entwicklung ohne Kleider begonnen hat. Wenn wir versuchen wollen, zu einem Ausgangsstadium zurückzufinden, dann ist die Nacktheit ein Mittel dazu"[63].[64]

Damit die Momente der Trauer und das Weinen möglichst authentisch wirken, sollten die SchauspielerInnen ihre Emotionen, Stanislawski entsprechend, aus ihren eigenen Biografien abrufen. Vor allem Karens und Susannes gemeinsamen Szenen ging somit eine lange Vorbereitungsphase voraus, in denen sich von Trier als ihr „Therapeut" verstand.[65] Wenn auch keine Verwertung biografischer Informationen der Darstellenden für die Figuren stattfindet, so führt der Weg zur authentischen Darstellung über biografische Bezüge und persönliche Grenzerfahrungen.[66]

---

60 Vgl. Ebd. S.75
61 Vgl. Ebd.
62 Vgl. Sudmann, Andreas: *Dogma 95. Die Abkehr vom Zwang des Möglichen.* S. 140
63 Brunow, Dagmar: *Trier über von Trier.* S. 223
64 Vgl. Knaller, Susanne: *Genealogie des ästhetischen Authentizitätsbegriffs.* S. 20
65 Brunow, Dagmar: *Trier über von Trier.* S. 216
66 Vgl. Eisl, Sonja: *Sehe ich einen Film oder bin ich schon im Theater?* S. 75

5.3) Figuren

Sowohl offensichtlich fiktive als auch eine Grauzone bildende Figuren beinhaltend, muss hinsichtlich der Authentizität im Film *Idioten* bei einigen DarstellerInnen davon ausgegangen werden, dass sie eine von ihrer Person nicht völlig abweichende Rolle spielen, sondern eher eine Variante ihrer selbst.

Durch das Verbot von Maske und fremder Bekleidungsstücke durch die Dogma-Regeln, liegt es hinsichtlich der im Film in voller Montur auftretenden Hells -Angels-Clique beispielsweise nahe, dass diese wahrhaftig von Motorrad-Rockern verkörpert wurden (Siehe Min. 54:15). Auch wenn sich dies an das Drehbuch sowie ihren Dialogtext zu halten hatten und daher nicht „einfach sie selber" waren, erfuhren die *Hells Angels* durch den Film eine Hervorhebung im öffentlichen Raum vor Zuschauenden.[67]

Der grösste Grad an Authentizität und Selbstpräsentation wird vom Publikum jedoch hinsichtlich des Auftritts der „echten" Behinderten wahrgenommen (Siehe Min. 39:20). Sie sind sich zwar der Filmsituation bewusst und nehmen auch Regieanweisungen entgegen, jedoch spielen sie sich selbst. Ihre vom Drehbuch festgelegte Rolle ist hauptsächlich die, sich selbst zu verkörpern. Die Aufforderung, für den Film zu einer bestimmten Zeit an einem vorgegebenen Ort zu erscheinen und einige vorgegeben Sätze aufzusagen, bilden wiederum den Moment des Inszenierten.[68]

Eine weitere Vermischung der Präsentationsebenen von Fiktion und Authentizität findet sich bei den Auftritten der zufälligen Statisten. Hierbei handelt es um die Anwohner Søllerøs, die, angelockt durch den Lärm der Idioten, per Zufall vor Ort sind. Über Gartentore spähend oder neugierig des Weges kommend, werden sie unfreiwillig zu Darstellenden eines Spielfilms (Siehe Min. 65:24). Sich zwar nicht selbst präsentierend, verkörpern sie sich dennoch selbst. Neben dem Erhalt tatsächlicher kurzer dokumentarischer Sequenzen, tragen besonders die zufälligen Statisten zu Momenten mit hohem Authentizitätsgrad bei.[69]

---

67   Vgl. Eisl, Sonja: *Sehe ich einen Film oder bin ich schon im Theater?* S.75-76
68   Vgl. Ebd.
69   Vgl. Ebd.

Ohne das entsprechende Vorwissen ist es dem Filmpublikum, auch hinsichtlich der recht kurzen Auftritte der zufälligen Statisten, kaum möglich, die Nuancen zwischen einer Statistenleistung vom Eingriff einer Person aus der Lebensrealität in die Fiktion, zu unterscheiden.

6.) Zusammenfassung und Fazit

„Je näher wir der Realität zu kommen scheinen, desto unschärfer und verwackelter wird sie"[70]: Insgesamt betrachtet, kann Lars von Triers *Idioten* auf mehreren Ebenen zugleich als das Aufzeigen fehlender Autonomie im Bereich des Individuums, der Gesellschaft und der (Film-) Kunst gedeutet werden. Der bereits den Vorläufern der Bewegung *Dogma 95* zuzuordnende gesellschaftskritische Aspekt stützt diese Sichtweise.

Idioten offenbart die von der Gesellschaft austarierten legitimen und illegitimen Inszenierungsfelder, die klare Vorstellung vom Rollenverhalten und die Tatsache, wie leicht diese klaren Strukturen zu erschüttern sind. Da das Verhalten geistig behinderter Menschen einerseits oft von der Norm abweicht, welches unsere Gesellschaft jedoch andererseits durch die Zuordnung in eine dafür vorgesehene „Schublade" moralisch auffängt, erweisen sich die Idioten-Figuren als ideale Versuchsträger.[71]

Indem von Trier u.a. in seinem Arbeits-Tagebuch bewusst Technik, Arbeitsmethoden sowie das Zustandekommen von Effekten entmystifiziert, legt er scheinbar alles hinsichtlich des Entstehungsprozesses des Films offen. Dennoch findet eine nachhaltige Irritation der Rezeption statt, indem die gängigen Vorstellungen von Authentizität, Glaubwürdigkeit und Illusion sowie der damit einhergehende Sehautomatismus im Kino auf die Probe gestellt wird.

Während nicht nur das Experiment der *Idioten* letztendlich scheiterte, stieß auch der Film auf überwiegend negative Kritik. Zudem wurde das Manifest *Dogma 95* im Jahr 2005 größtenteils fallen gelassen.

---

70 Steyerl, Hito: *Die Dokumentarische Unschärferelation. Was ist Dokumentarismus?* In: ders., *Die Farbe der Wahrheit. Dokumentarismen im Kunstfeld.* Wien 2008. S. 7-8

71 Vgl. Eisl, Sonja: *Sehe ich einen Film oder bin ich schon im Theater?* S.77

Entsprechend der weitestgehend negativen Aufnahme des Films *Idioten* schrieb Dietrich Kuhlbrodt in seiner Rezension aus dem Jahr 1999:

„Doch liest man heute, was über den Film "Idioten" geschrieben wird, läßt (sic) sich ausmalen, daß (sic) der Zuschauer nicht belustigt, sondern verwirrt sein wird. Jedenfalls dann, wenn er als Mainstreamkonsument erfolgreich konditioniert ist, industriell gefertigte Ware abzunehmen."[72]

Idioten entspricht auch heute, fast zwanzig Jahre nach seiner Veröffentlichung, nicht dem „gängigen" Kinoprogramm. Sich im Zuge seiner u.a. Mischung von authentischen mit fiktiven Elementen zunehmend der Strategien des Theaters bedienend, gilt es den Film *Idioten* anstelle des regulären Kinoprogramms dem Experimentalfilm zuzuordnen – und verdeutlicht somit die erforderliche Anpassung an bestimmte Vorgaben, um im größtenteils kommerziell ausgerichteten Mainstream-Kino erfolgreich sein. Er stellt somit nicht nur die Frage nach dem authentischen Selbst in dieser Gesellschaft, sondern auch der künstlerischen Freiheit.

Mit dem Ziel einer Erneuerung der Filmkultur bleiben Filme wie *Idioten* unabdingbar. Sie fordern sowohl die Rezeptionsgewohnheiten des Laien- als auch des Fachpublikums heraus und regen im Idealfall zu einer Erweiterung der Seh- und Interpretationsfähigkeiten an.

---

[72]   http://www.filmzentrale.com/rezis/idiotendk.htm (Letzter Zugriff am 17.04.2016)

7.) Literatur-, Film- und Abbildungsverzeichnis

Literatur

Armes, Roy: *Patterns of Realism*. London 1971. S. 31-32

Beyerle, Monika / Brinckmann, Christine N. (Hrsg.): *Der amerikanische Dokumentarfilm der 60er. Direct Cinema und Radical Cinema*. Frankfurt am Main. New York (Campus: Forschung. Bd. 659: Schriftenreihe des Zentrums für Nordamerika-Forschung (ZENAF).Universität Frankfurt. Bd. 15) 1991. S.32

Binotto, Thomas: *Anfang der Diskussion. Unbändige Lust auf Dogmen*. In: Karrer, Leo/ Martig, Charles/ Näf, Eleonore (Hg.): *Gewaltige Opfer. Filmgespräche mit René Girard und Lars von Trier*. Köln 2000. S.130

Braad Thomsen, Christian: *„Idioten"*. In: *Dogma 95*. S. 169

Brunow, Dagmar: *Trier über von Trier. Gespräche mit Stig Björkmann*. Hamburg 2001. S. 206-225

Eisl, Sonja: *Sehe ich einen Film oder bin ich schon im Theater? Das Genre »Theaterfilm«*. In: Kotte, Andreas (Hg.): *Theater im Kasten*. Zürich 2007. S. 11-83

Fischer-Lichtes, Erika: *Inszenierung von Authentizität*. Bd. 1. Tübingen 2007. S. 32

Funk, Wolfgang / Krämer, Lucia (Hg.): *Vorwort: Fiktionen von Wirklichkeit – Authentizität zwischen Materialität und Konstruktion*. Bielefeld 2011. S. 10

Kiefer, Jens: *Inszenieren mit Authentizitätsanspruch*. In: Kultur & Gespenster. Wirklich Wahr II. Ausgabe 4, Hamburg 2007. S. 130

Knaller, Susanne: *Genealogie des ästhetischen Authentizitätsbegriffs*. In: Müller, Harro / Knaller, Susanne (Hrsg.): *Authentizität. Diskussion eines ästhetischen Begriffs*. Paderborn 2006. S. 20 / S. 23

Knudsen, Peter Øvig: *„Die Kontrolle aufgeben"*. *Lars von Trier im Gespräch*. In: *Dogma 95. Zwischen Kontrolle und Chaos*. Berlin 2001. S.159-168

Kracauer, Siegfried: *Theorie des Film. Die Errettung der äußeren Wirklichkeit*. Frankfurt am Main 1964. S. 333

Presseheft *Idioten*. Arthaus Filmverleih. München 1998. S. 6 / S. 11 / S. 17

Rukov, Mogens: *Lars von Trier*. In: *Dogma 95. Zwischen Kontrolle und Chaos*. Berlin 2001. S. 156

Seeßlen, Georg: *Aufbruch in die Sackgasse. Die dänischen Dogma-Filme. Radikaldilettantismus oder Utopieverrat? Eine Zwischenbilanz*. In: *Die Zeit*. Nr. 28 v. 08. Juli 1999. S.43

Schepelern, Peter: *Film und Dogma. Spielregeln, Hindernisse und Befreiungen*. In: *Dogma 95. Zwischen Kontrolle und Chaos*. Berlin 2001. S. 350-368

Steyerl, Hito: *Die Dokumentarische Unschärferelation. Was ist Dokumentarismus?* In: ders., *Die Farbe der Wahrheit. Dokumentarismen im Kunstfeld.*Wien 2008. S. 7-16

Sudmann, Andreas: *Dogma 95. Die Abkehr vom Zwang des Möglichen*. Hannover 2001. S. 17-29 / S. 132-141

Online-Quellen

http://www.dieterwunderlich.de/Lars-von-Trier.htm
(Letzter Zugriff am 07.04.2016)

http://www.film-zeit.de/Person/2954/Lars-von- Trier/Biographie/http://www.film-zeit.de/Person/2954/Lars-von-Trier/ Biographie/ (Letzter Zugriff am 09.04.2016)

http://www.filmzentrale.com/rezis/idiotendk.htm (Letzter Zugriff am 17.04.2016)

http://www.fr-online.de/kultur/lebenswerk-europaeischer-filmpreis-fuer-judi-dench,1472786,3304216.html (Letzter Zugriff am 15.04.2016)

http://www.uni-protokolle.de/Lexikon/Lars_von_Trier.html
(Letzter Zugriff am 06.04.2016)

Filmverzeichnis

Idioten [Idioterne]
Arthaus Premium/Zentropa Entertainments (2006): 2-Disc Special Edition DVD: Disc 1: Idioten, Lars von Trier, DK/SE/F 1998, 110'; Extras, 80'. Disc 2: Bonus-Material, 156'.